Made in the USA
Las Vegas, NV
06 September 2024

94802421R10070